一年生で ならう かん字

80字

この本の使い方

☆おうちの方もお読みください☆

●この本は、一年生で習う漢字すべてが確実に読み・書きでき、覚えられるように作られています。

漢字表▶読み方・画数・部首・筆順をおぼえ、□には書く練習をしましょう。

漢字の読みに（　）がついているものは、小学校では習わない読み方です。また、——は、音読みまたは訓読みのないことを示しています。赤い文字は送りがなです。

よんでみましょう▶漢字表で覚えた読み方がきちんと身についたかどうか確かめるページです。

かいてみましょう▶ここでは、漢字表で練習した書き方の成果が確かめられます。まちがえた漢字は、覚えるまで書く練習をしましょう。はねる部分、とめる部分にも注意しましょう。

〈よんでみましょう〉の答えは〈かいてみましょう〉に、〈かいてみましょう〉の答えは〈よんでみましょう〉にあります。

やってみましょう▶漢字の読み書きを終えたあとで、いろいろな問題にチャレンジするページです。

答え▶〈やってみましょう〉の答えがあります。しっかり確認しましょう。

学習記録アプリ　ほかの教材でも使えます。

まなサポ　学びサポート

- 毎日の学習時間をスマホで記録
- 学習時間をグラフでかくにん
- 学習に応じたごほうびを設定できる

裏表紙のQRコードから、くわしいページにアクセスできます。※QRコードは（株）デンソーウェーブの登録商標です。

かきじゅん　1　2　3　4　5　まちがえやすい　ところ…

…まちがえやすい　かんじ

・…とめる　…はねる　…はらう　…あける

一

イチ
イツ
ひと
ひとつ

1かく

ことば
一月（いちがつ）・一年生（いちねんせい）
一口（ひとくち）・一つ（ひと）

二

ニ
ふた
ふたつ

2かく

ことば
二こ（に）・二ひき（に）
二とおり（ふた）

三

サン
み
みつ
みっつ

3かく

ことば
三角（さんかく）・三びき（さん）
三日月（みかづき）・三日（みっか）

四

シ
よ
よつ
よっつ
よん

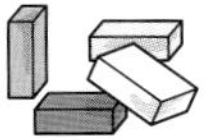

5かく

ことば
四角（しかく）・四月（しがつ）
四人（よにん）・四こ（よん）

はっぴょうかい

かきじゅん 1 2 3 4 5　まちがえやすい　ところ…

…まちがえやすい　かんじ

●…とめる　…はねる　…はらう　○…あける

五

ゴ
いつ
いつつ

4かく

五 五 五 五

ことば
五円（ごえん）・五（ご）さつ
五日（いつか）・五（いつ）つ

六

ロク
む
むつ
むっつ
むい

4かく

六 六 六 六

ことば
六月（ろくがつ）・六月目（むつきめ）
六（むっ）つ・六日（むいか）

七

シチ
なな
ななつ
なの

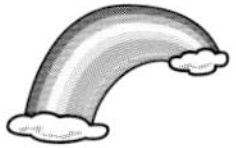

2かく

七 七

ことば
七月（しちがつ）・七五三（しちごさん）
七色（なないろ）・七日（なのか）

八

ハチ
や
やつ
やっつ
よう

2かく

八 八

ことば
八人（はちにん）・八（はち）まい
八（やっ）つ・八日（ようか）

きほん

よんでみましょう

月　日

1つ10てん

10ぷん　／100てん

① ぼくは　一（　　）ねんせいだ。

② みかんが　一（　　）つ。りんごが　二（　　）つ。

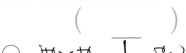

③ こねこが　三（　　）びき　うまれた。

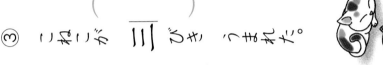

④ えんぴつが　四（　　）ほん　ある。

⑤ おさらを　五（　　）まい　ならべた。

⑥ すずめが　六（　　）わ　とんで　いる。

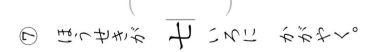

⑦ ほうせきが　七（　　）いろに　かがやく。

⑧ おとなが　八（　　）にん。こどもが　四（　　）にん。

はっぴょうかい

きほん

かいてみましょう

月　　日

1つ10てん

10ぷん

／100てん

① ぼくは □(いち) ねんせいだ。

② みかんが □(ひと) つ。りんごが □(ふた) つ。

③ こねこが □(さん) びき　うまれた。

④ えんぴつが □(よん) ほん　ある。

⑤ おさらを □(ご) まい　ならべた。

⑥ すずめが □(ろく) わ　とんで　いる。

⑦ ほうせきが □(なな) いろに　かがやく。

⑧ おとなが □(はち) にん。こどもが □(よ) にん。

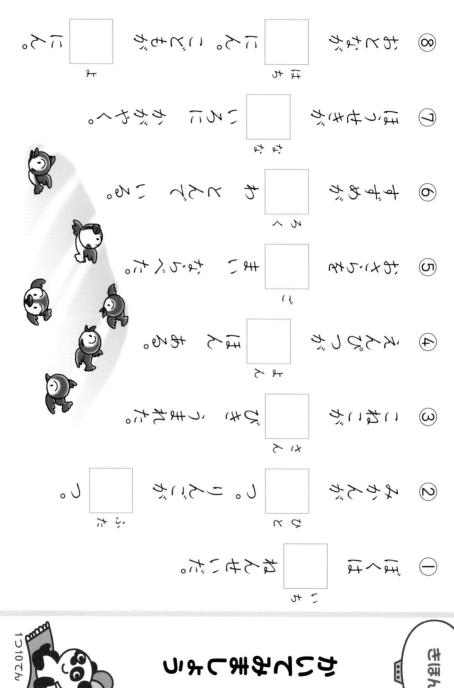

はってん

やってみましょう 1

月　日

／100てん　10ぷん

1 ——の　かんじの　よみがなを　かきましょう。　一つ7〔28てん〕

(1) 一（　）つの　りんご。　(2) 六（　）つの　ボタン。

(3) 二（　）つの　いす。　(4) 五（　）つ　かぞえる。

2 □に　あてはまる　かんじを　かきましょう。　一つ9〔36てん〕

(1) ①□（し）がつ　②□（なの）かの　あさ。

(2) ①□（しち）がつ　②□（よう）かの　よる。

3 □に　あてはまる　かんじを　かきましょう。　一つ9〔36てん〕

○　一つ、二つ、(1)□（みっ）つ、(2)□（よっ）つ、五つ、六つ、(3)□（なな）つ、(4)□（やっ）つ。

は
に

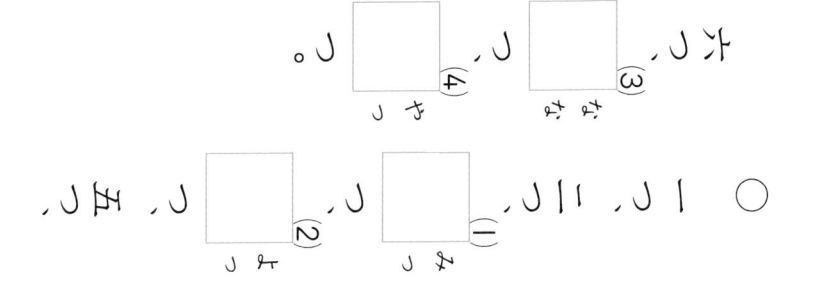

こたえは70ページ

はってん

やってみましょう　２

月　　日

1つ10てん

10ぷん

／100てん

1　つぎの　ものは　どのように　かぞえますか。かずを　あらわす　かんじを　つかって　かきましょう。
〔一つ10〔100てん〕〕

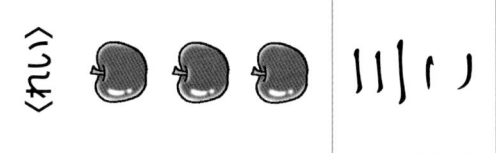

〈れい〉

三こ

(1)

(2)

(3)

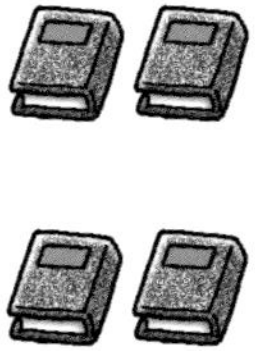

(4)

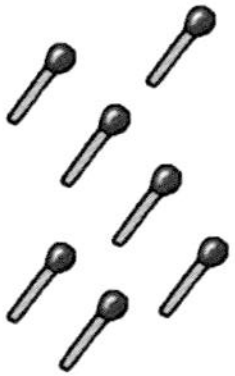

(5)

(6)

(7)

(8)

(9)

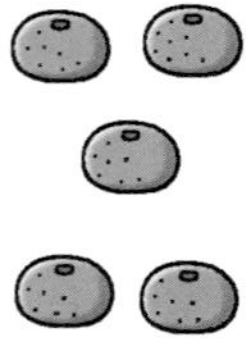

(10)

こたえは70ページ

かきじゅん 1 2 3 4 5 まちがえやすい ところ …

…まちがえやすい かんじ

・…とめる …はねる …はらう ○…あける

九

キュウ　ク
ここの　ここのつ

2かく

九 九

ことば

九こ（きゅうこ）・九月（くがつ）
九日（ここのか）・九つめ（ここのつめ）

十

ジュウ　ジッ
とお　と

10

2かく

一 十

ことば

十円（じゅうえん）・十日（とおか）
十人（じゅうにん）十色（といろ）

日

ニチ　ジツ
ひ　か

4かく

日 日 日 日

ことば

日曜日（にちようび）・休日（きゅうじつ）
夕日（ゆうひ）・三日（みっか）

月

ゲツ　ガツ
つき

4かく

月 月 月 月

ことば

月曜日（げつようび）・九月（くがつ）
お月さま（おつきさま）

うた

かきじゅん 1 2 3 4 5 まちがえやすい ところ…

…まちがえやすい かんじ

火

カ ひ （ほ）

4かく

火

ことば
火山（かざん）・火曜日（かようび）
たき火（び）・花火（はなび）

水

スイ みず

4かく

水

ことば
水道（すいどう）・水曜日（すいようび）
水（みず）あそび

木

ボク モク き こ

4かく

木

ことば
大木（たいぼく）・木曜日（もくようび）
つみ木（き）・木（こ）かげ

金

キン コン かね かな

8かく

金

ことば
金魚（きんぎょ）・金曜日（きんようび）
お金（かね）・金（かな）づち

●…とめる　…はねる　…はらう　○…あける

きほん

よんでみましょう

月　　日

1つ10てん　／100てん　10ぷん

① あさの 九（　　）じに でかける。

② かみが 十（　　）まい ある。

③ ろうそくに 火（　　）を つける。

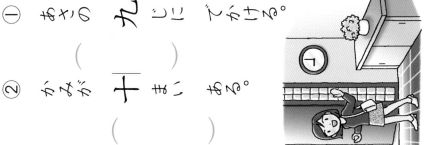

④ さくらの 木（　　）が 十（　　）ぽん ある。

⑤ そらに 月（　　）が でて いる。

⑥ 日（　　）ちょくの しごと。

⑦ つめたい 水（　　）を のむ。

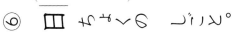

⑧ こんどの 金（　　）よう 日（　　）は えんそくだ。

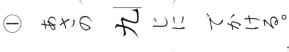

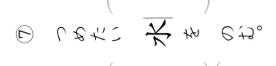

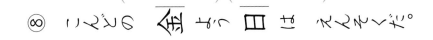

きほん

かいてみましょう

月　　日

1つ10てん

10ぷん

／100てん

①　あさの□（く）じに　でかける。

②　かみが□（じゅう）まい　ある。

③　ろうそくに□（ひ）を　つける。

④　さくらの□（き）が□（じっ）ぽん　ある。

⑤　そらに□（つき）が　でて　いる。

⑥　□（にっ）ちょくの　しごと。

⑦　つめたい□（みず）を　のむ。

⑧　こんどの□（きん）よう□（び）は　えんそくだ。

やってみましょう 3

月　日

／100てん　10ぷん

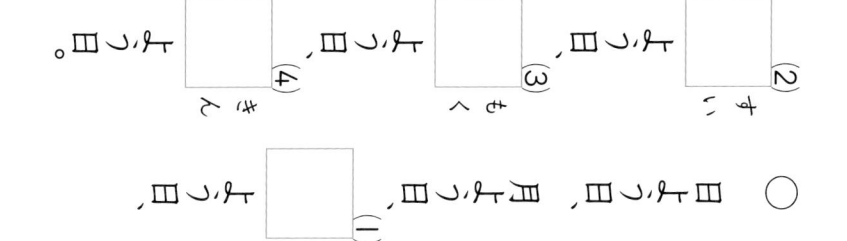

1 ——の かんじの よみがなを かきましょう。 一つ7〔28てん〕

(1) 月（　　）ようび

(2) 九（　　）つの はこ。

(3) 九月（　　）

(4) 十日（　　）の よる。

2 □に あてはまる かんじを かきましょう。 一つ9〔36てん〕

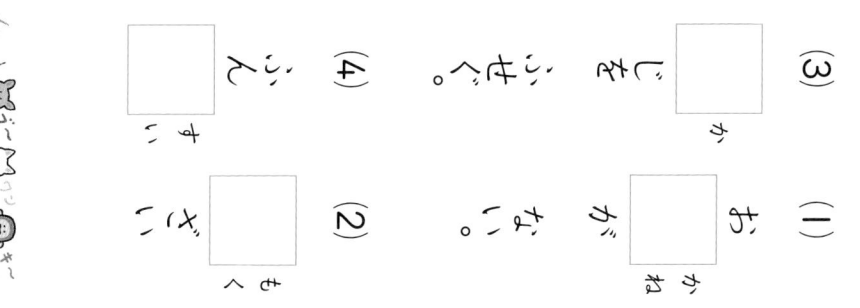

(1) お□（かね）が ない。

(2) □（もく）ざい

(3) □（か）じを ふせぐ。

(4) ふん□（すい）

3 □に よう日を あらわす かんじを かきましょう。 一つ9〔36てん〕

○ 日よう日、月よう日、(1)□（か）よう日、

(2)□（すい）よう日、(3)□（もく）よう日、(4)□（きん）よう日。

うた
ブ〜
ワン
キ〜

こたえは70ページ

はってん

やってみましょう 4

月　日

10ぷん　／100てん

1 つぎの　えの　コップと　ストローは、それぞれ　いくつ　あって　どのように　かぞえますか。「三びき」のように、かんじを　つかって　かきましょう。　一つ10〔20てん〕

(1) コップ　□

(2) ストロー　□

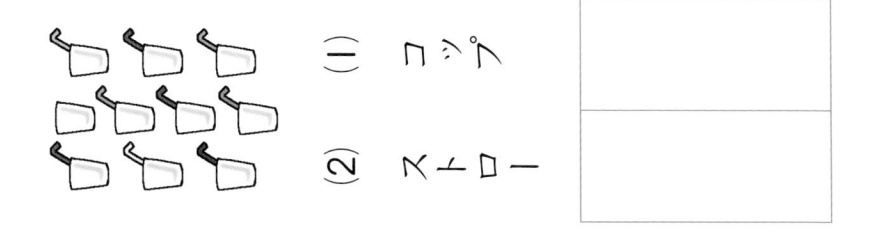

2 つぎの　すうじを　かんじで　かきましょう。　一つ10〔20てん〕

(1) 19さい

□さい

(2) 90さい

□さい

3 えを　みて　□に　かんじを　かきましょう。　一つ10〔60てん〕

(1)  ひ □

(2)  つき □

(3)  ひ □

(4)  みず □

(5)  き □

(6)  きん □

こたえは70ページ

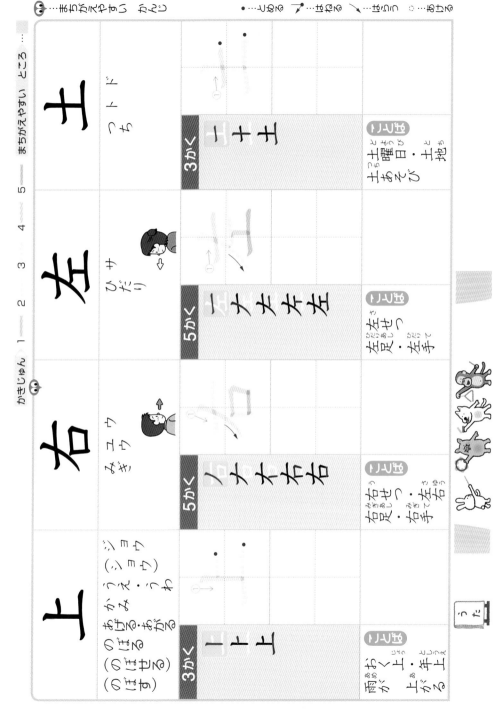

かきじゅん 1 2 3 4 5 まちがえやすい ところ …

…まちがえやすい かんじ

・…とめる …はねる …はらう ○…あける

上

ジョウ
（ショウ）
うえ・うわ
かみ
あげる・あがる
のぼる
（のぼせる）
（のぼす）

3かく

上 ｜ ト 上

ことば

おく上（じょう）・年上（としうえ）
雨（あめ）が 上（あ）がる

右

ウ
ユウ
みぎ

5かく

右 ノ ナ 𠂇 右 右

ことば

右（う）せつ・左右（さゆう）
右足（みぎあし）・右手（みぎて）

左

サ
ひだり

5かく

左 一 ナ 𠂇 左 左

ことば

左（さ）せつ
左足（ひだりあし）・左手（ひだりて）

土

ド
ト
つち

3かく

土 一 十 土

ことば

土曜日（どようび）・土地（とち）
土（つち）あそび

うた

かきじゅん 1 2 3 4 5 まちがえやすい ところ…

…まちがえやすい かんじ

小

ショウ
ちいさい
こ
お

3かく

小 小 小

ことば
小学生（しょうがくせい）
小さい（ちいさい） 犬（いぬ）

中

チュウ
ジュウ
なか

4かく

中 中 中 中

ことば
水中（すいちゅう）・一日中（いちにちじゅう）
森（もり）の 中（なか）

大

ダイ
タイ
おお
おおきい
おおいに

3かく

大 大 大

ことば
大（だい）すき・大会（たいかい）
大（おお）きい 石（いし）

下

カ・ゲ
した・しも
（もと）
さげる
さがる
くだる・くだす
くださる
おろす
おりる

3かく

下 下 下

ことば
地下（ちか）・くつ下（した）
頭（あたま）を 下（さ）げる

●…とめる
…はねる
…はらう
○…あける

きほん

よんでみましょう

月　日

1つ10てん　／100てん　10ぷん

①おもい　いしを　もち　上（　）げる。

②かどを　左（　）へ　まがる。

③つくえの　上（　）を　ふく。

④土（　）を　うえ木ばちの　中（　）に　いれる。

⑤さかの　下（　）に　えきが　ある。

⑥くじらは　とても　大（　）きい。

⑦あたまを　下（　）げて　あやまる。

⑧小（　）みちは　右（　）へ　まがって　いる。

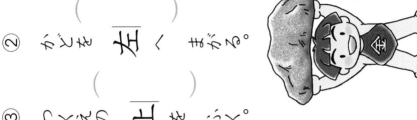

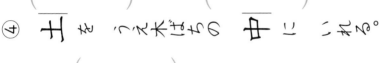

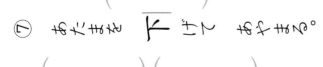

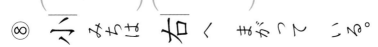

きほん

かいてみましょう

月　日

1つ10てん

10ぷん

／100てん

① おもい　いしを　もち　□(あ)げる。

② かどを　□(ひだり)へ　まがる。

③ つくえの　□(うえ)を　ふく。

④ □(つち)を　うえ木ばちの　□(なか)に　いれる。

⑤ さかの　□(した)に　えきが　ある。

⑥ くじらは　とても　□(おお)きい。

⑦ あたまを　□(さ)げて　あやまる。

⑧ □(こ)みちは　□(みぎ)へ　まがって　いる。

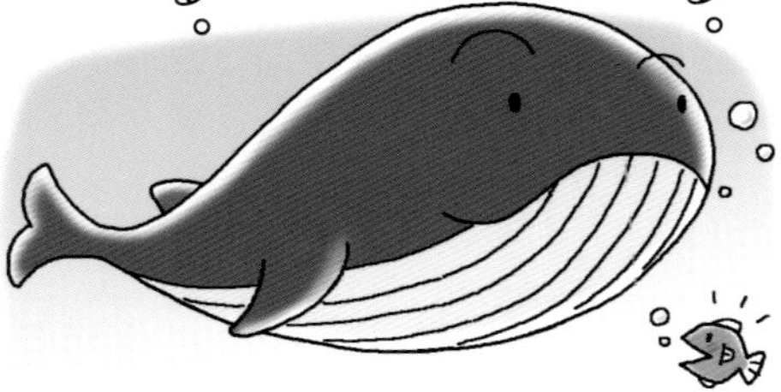

はってん

やってみましょう　５

月　日

／100てん　10ぷん

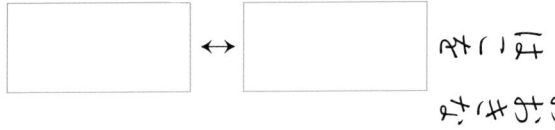

1 ――の　かんじの　よみがなを　かきましょう。　一つ７〔28てん〕

(1) 土よう日（　　）

(2) 小さい（　　）いぬ。

(3) 小がくせい（　　）

(4) 小とりが（　　）なく。

2 □に　あてはまる　かんじを　かきましょう。　一つ９〔18てん〕

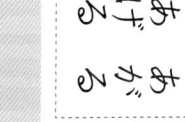

(1) □（ちゅう）がくせい

(2) □（だい）がくせい

3 はんたいの　いみに　なるように、□から　ことばを　えらんで、かんじを　つかって　かきましょう。　一つ９〔54てん〕

(1) へやの　おんどが　□ ↔ □

(2) ふねで　かわを　□ ↔ □

(3) おおきな　はこを　□ ↔ □

あがる　あげる　のぼる　おろす　くだる　さがる

うた

こたえは70ページ

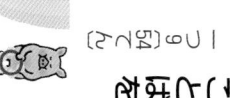

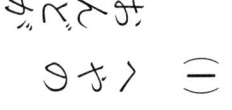

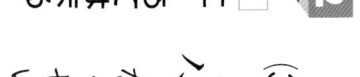

はってん

やってみましょう　6

月　日

10ぷん

／100てん

1　□に　あてはまる　かんじを　かきましょう。　一つ10〔100てん〕

(1) □（みぎ）

(2) ち□（じょう）

(3) ち□（か）

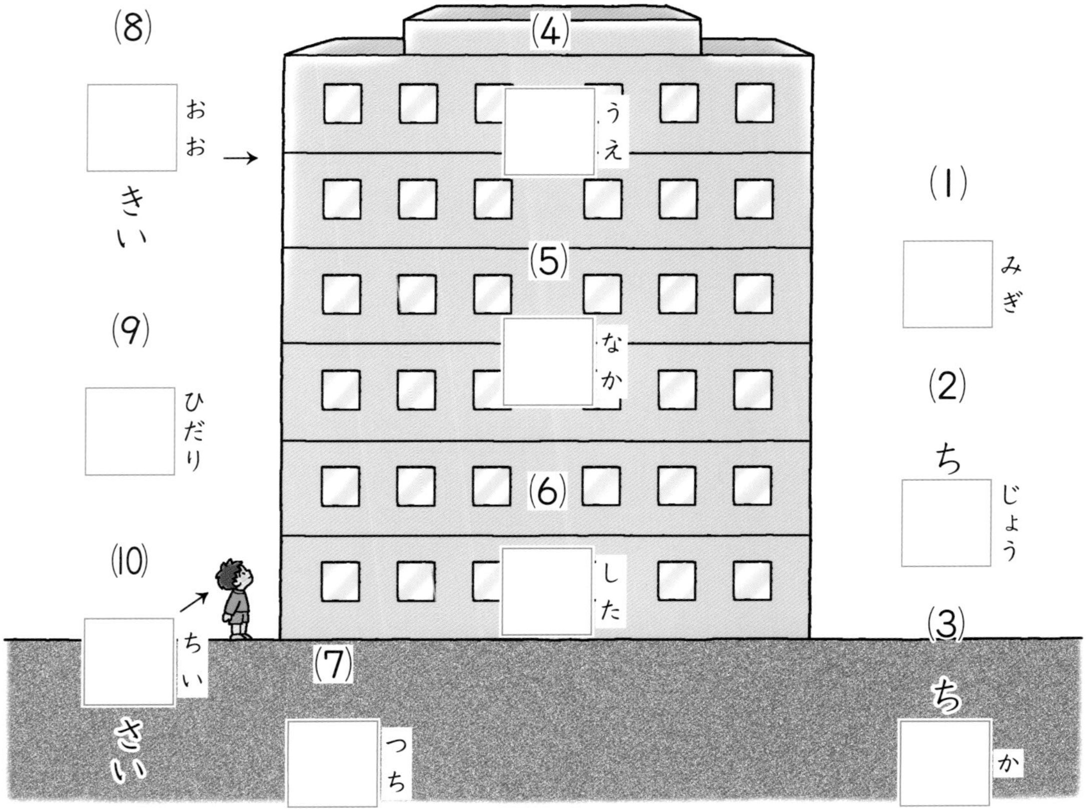
(4) □（うえ）
(5) □（なか）
(6) □（した）
(7) □（つち）

(8) □（おお）きい

(9) □（ひだり）

(10) □（ちい）さい

こたえは70ページ

かきじゅん 1 2 3 4 5 まちがえやすい ところ …

…まちがえやすい かんじ

●…とめる ↘…はねる ↙…はらう ○…あける

手	口	耳	目
シュ て (た)	コウ ク くち	(ジ) みみ	モク (ボク) め (ま)
4かく	3かく	6かく	5かく
ことば あく手(しゅ)・歌手(かしゅ) 手(て)ぶくろ	ことば 人口(じんこう)・口(く)ちょう 口(くち)ぶえ・早口(はやくち)	ことば 空耳(そらみみ)・耳(みみ)たぶ 耳(みみ)を すます	ことば ちゅう目(もく) 目(め)ぐすり・目玉(めだま)

かきじゅん 1 2 3 4 5　まちがえやすい　ところ…

まちがえやすい　かんじ

足

ソク
あし
たりる
たる
たす

7かく

足足足足足足足

ことば
遠足（えんそく）・足音（あしおと）
かけ足（あし）・足（た）し算（ざん）

人

ジン
ニン
ひと

2かく

人人

ことば
名人（めいじん）・人気（にんき）
女（おんな）の人（ひと）

子

シ
ス
こ

3かく

子子子

ことば
男子（だんし）・よう子（す）
子犬（こいぬ）・子（こ）ども

女

ジョ
（ニョ）
（ニョウ）
おんな
（め）

3かく

女女女

ことば
少女（しょうじょ）・女子（じょし）
女（おんな）の子（こ）

●…とめる　…はねる　…はらう　○…あける

きほん

よんでみましょう

月　日

1つ10てん

／100てん　10ぷん

① うさぎの　目（　）は　あかい。

② ぞうの　耳（　）は　大きい。

③ 口（　）を　あけて　わらう。

④ 手（　）を　ふって　いる　人（　）。

⑤ つるの　足（　）は　ながい。

⑥ かわいらしい　人（　）ぎょう。

⑦ 足（　）しざんと　ひきざん。

⑧ しろい　ふくを　きた　女（　）の　子（　）。

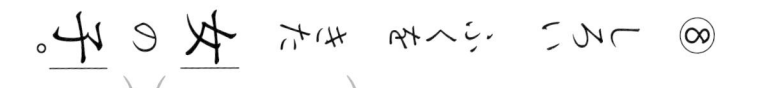

きほん

かいてみましょう

月　　日

1つ10てん

10ぷん

／100てん

① うさぎの □(め) は　あかい。

② ぞうの □(みみ) は　大きい。

③ □(くち) を　あけて　わらう。

④ □(て) を　ふって　いる □(ひと)。

⑤ つるの □(あし) は　ながい。

⑥ かわいらしい □(にん) ぎょう。

⑦ □(た) しざんと　ひきざん。

⑧ しろい　ふくを　きた □(おんな) の □(こ)。

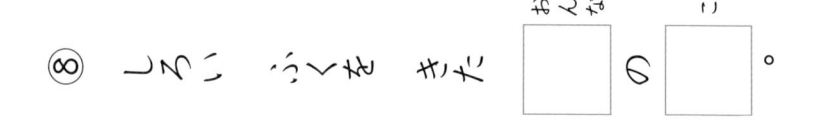

はってん

やってみましょう ７

月　日

10ぷん　／100てん

1 ――の　かんじの　よみがなを　かきましょう。　一つ7〔28てん〕

(1) 目（　　）を　とじる。

(2) 耳（　　）を　すます。

(3) ねこの　足（　　）あと。

(4) 手（　　）を　つなぐ。

2 □に　あてはまる　かんじを　かきましょう。　一つ9〔36てん〕

○ (1)□（おんな）の　ひとは　(2)□□（よにん）の　(3)□（こ）に

つめたい　水を　(4)□□（ひとくち）ずつ　のませた。

てじな

3 つぎの　かんじは　なんかくで　かきますか。□に　かずを　かんじで　かきましょう。　一つ9〔36てん〕

(1) 耳…□かく

(2) 手…□かく

(3) 足…□かく

(4) 目…□かく

こたえは70ページ

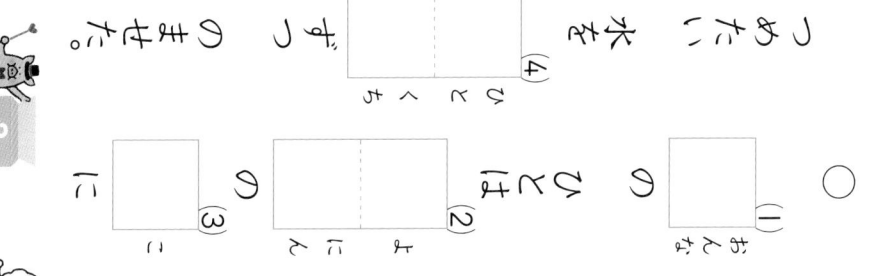

はってん

やってみましょう　8

月　日

10ぷん

／100てん

1　□に　あてはまる　かんじを　かきましょう。［一つ10てん］〔100てん〕

(1) □（にん）げん

(2) ①□（おんな）の②□（こ）

(3) □（め）

(4) □（くち）

(5) □（て）

(6) □（あし）

(7) □（みみ）

(8) □□（いっそく）の　くつ。

(9) □（ひと）なつっこい。

こたえは71ページ

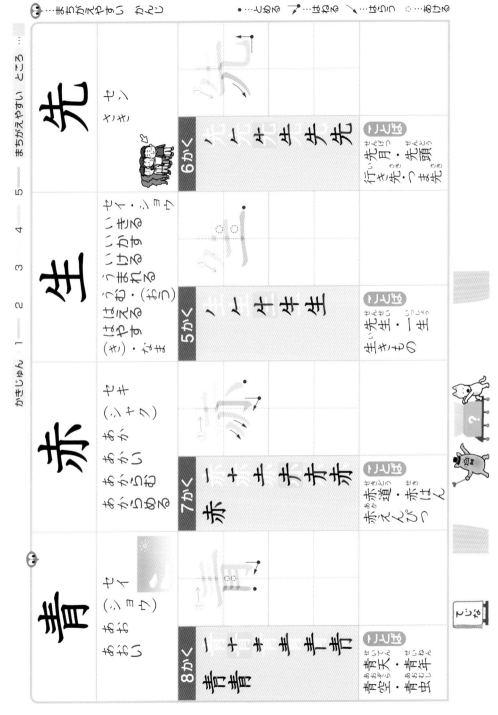

かきじゅん　1　2　3　4　5　まちがえやすい　ところ　…

…まちがえやすい　かんじ

●…とめる　…はねる　…はらう　○…あける

先

セン
さき

6かく

ノ　ト　ㄠ　生　牛　先

ことば
先月（せんげつ）・先頭（せんとう）
行（い）き先（さき）・つま先（さき）

生

セイ・ショウ
いきる
いかす
いける
うまれる
うむ・（おう）
はえる
はやす
（き）・なま

5かく

ノ　ト　ㄠ　牛　生

ことば
先生（せんせい）・一生（いっしょう）
生（い）きもの

赤

セキ
（シャク）
あか
あかい
あからむ
あからめる

7かく

一　十　土　ナ　赤　赤　赤

ことば
赤道（せきどう）・赤（せき）はん
赤（あか）えんぴつ

青

セイ
（ショウ）
あお
あおい

8かく

一　十　丰　主　丰　青　青　青

ことば
青天（せいてん）・青年（せいねん）
青空（あおぞら）・青虫（あおむし）

てじな
?

かきじゅん 1 2 3 4 5 まちがえやすい ところ…

田

デン
た

5かく

ことば
水田(すいでん)・田(た)うえ
田(た)や はたけ

川

(セン)
かわ

3かく

ことば
小川(おがわ)・川(かわ)ぎし
川(かわ)の 水(みず)

山

サン
やま

3かく

ことば
火山(かざん)・ふじ山(さん)
山(やま)に のぼる

白

ハク
(ビャク)
しろ
しら
しろい

5かく

ことば
白鳥(はくちょう)・白(しろ)くま
白(しろ)い 花(はな)

…まちがえやすい かんじ
…とめる
…はねる
…はらう
…あける

きほん

よんでみましょう

月　日

１つ10てん

10ぷん　／100てん

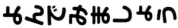

① さおの 先（　　）に とんぼが とまる。

② うみに いる 生（　　）きもの。

③ 赤（　　）い みの なる 木。

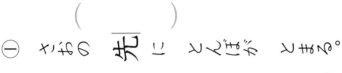

④ あたらしい きろくが 生（　　）まれる。

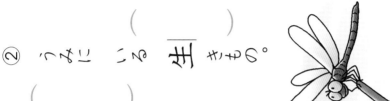

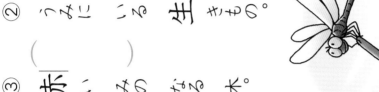

⑤ 青（　　）い そらに 白（　　）い くもが うかぶ。

⑥ 山（　　）の おくから 川（　　）が ながれだす。

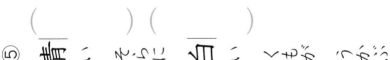

⑦ 田（　　）んぼで かえるが なく。

⑧ 先生（　　）は とても やさしい。

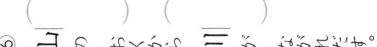

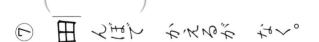

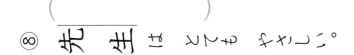

きほん

かいてみましょう

月　日

1つ10てん

10ぷん

／100てん

①　さおの □(さき) に　とんぼが　とまる。

②　うみに　いる □(い) きもの。

③　□(あか) い　みの　なる　木。

④　あたらしい　きろくが □(う) まれる。

⑤　□(あお) い　そらに □(しろ) い　くもが　うかぶ。

⑥　□(やま) の　おくから □(かわ) が　ながれだす。

⑦　□(た) んぼで　かえるが　なく。

⑧　□□(せんせい) は　とても　やさしい。

やってみましょう 9

はってん

月　日

10ぷん　／100てん

1 ――の　かんじの　よみがなを　かきましょう。　一つ7〔28てん〕

(1) ①田（　　）んぼに　②白（　　）い　とりが　いる。

(2) ①先生（　　）の　たん　②生日（　　）を　いわう。

2 □に　あてはまる　かんじを　かきましょう。　一つ9〔36てん〕

(1) ①□（やま）の　木が　②□（あか）く　そまる。

(2) ①□（あお）い　そらと、すんだ　②□（かわ）。

3 □の　ことばを　つぎの　(1)と　(2)に　わけて、□に　かんじで　かきましょう。　一つ9〔36てん〕

(1) しぜんを　あらわす　ことば。　□・□

(2) いろを　あらわす　ことば。　□・□

あお　あか　かわ　やま

てじな

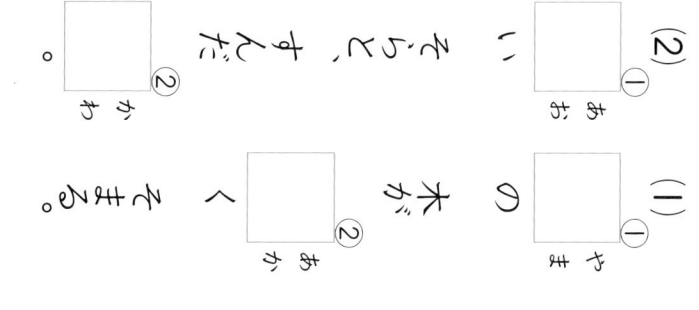

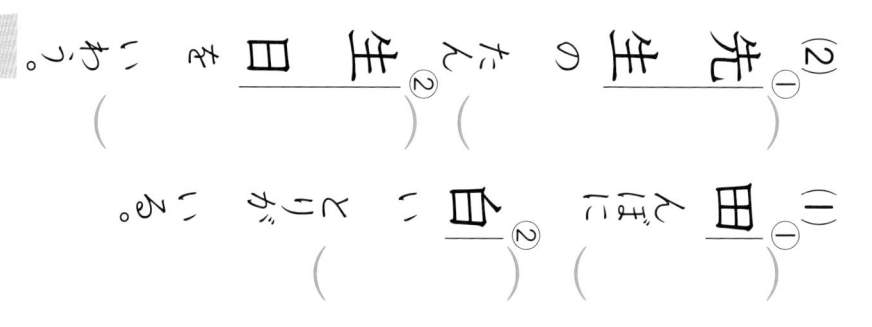

こたえは71ページ

はってん

やってみましょう 10

月　日

／100てん　10ぷん

1 □に　あてはまる　かんじを　かきましょう。　一つ10〔100てん〕

(1) 五月の□（う）まれ。

(2) □（い）きる

(3) ①□（あか）ちゃんの　たん②□（じょう）日。

(4) □（あお）ぞら

(5) □□（せんせい）

(6) □（やま）

(7) □（かわ）

(8) □（しろ）い　くも。

(9) □（た）んぼ

こたえは71ページ

かきじゅん 1 2 3 4 5 まちがえやすい ところ …

…まちがえやすい かんじ

● …とめる ↓ …はねる ／ …はらう ○ …あける

石

セキ
シャク
（コク）
いし

5かく

一 ア 不 石 石

ことば
ほう石（せき）・じ石（しゃく）・石（いし）ころ・小石（こいし）

花

カ
はな

7かく

一 十 艹 艹 艹 花 花

ことば
花（か）だん・草花（くさばな）・花火（はなび）・花（はな）びら

雨

ウ
あめ
あま

8かく

一 厂 币 币 雨 雨 雨 雨

ことば
雨天（うてん）・大雨（おおあめ）・雨戸（あまど）・雨水（あまみず）

森

シン
もり

12かく

一 十 木 木 杢 夲 森 森 森 森 森 森

ことば
森林（しんりん）
森（もり）の おく

てじな
ジャーン

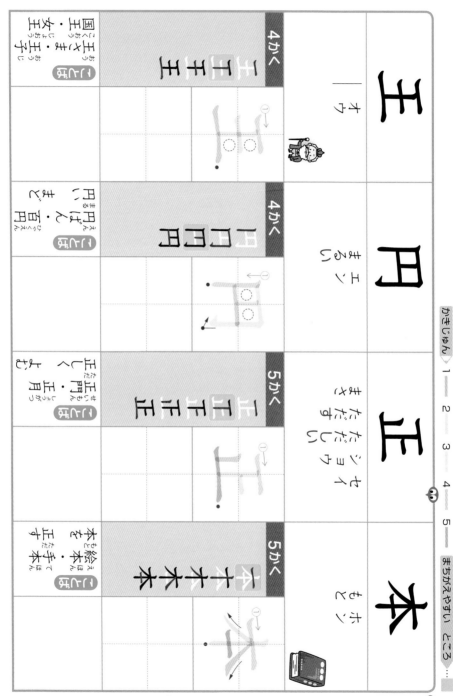

かきじゅん 1 2 3 4 5 まちがえやすい ところ…

…まちがえやすい かんじ

王

オウ
—

4かく

ことば
王（おう）さま・王子（おうじ）
国王（こくおう）・女王（じょおう）

円

エン
まるい

4かく

ことば
円（えん）ばん・百円（ひゃくえん）
円（まる）い など

正

セイ
ショウ
ただしい
ただす
まさ

5かく

ことば
正門（せいもん）・正月（しょうがつ）
正（ただ）しく よむ

本

ホン
もと

5かく

ことば
絵本（えほん）・手本（てほん）
本（もと）を 正（ただ）す

・…とめる
…はねる
…はらう
○…あける

きほん

よんでみましょう

月　日

1つ10てん

10ぷん

／100てん

①　とつぜん　雨が　ふって　きた。

②　花だんに　花が　さいて　いる。

③　おもしろい　本を　よむ。

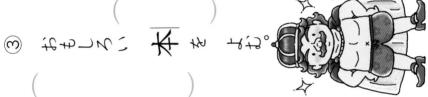

④　正月に　はつもうでに　いく。

⑤　「はだかの　王さま」の　はなし。

⑥　森の　中に　大きな　石が　ある。

⑦　えんぴつの　正しい　もちかた。

⑧　おつりを　十円　もらう。

てじな

きほん

かいてみましょう

月　日

1つ10てん

10ぷん

／100てん

① とつぜん □（あめ）が ふって きた。

② □（か）だんに □（はな）が さいて いる。

③ おもしろい □（ほん）を よむ。

④ □□（しょうがつ）に はつもうでに いく。

⑤ 「はだかの □（おう）さま」の はなし。

⑥ □（もり）の 中に 大きな □（いし）が ある。

⑦ えんぴつの □（ただ）しい もちかた。

⑧ おつりを □□（じゅうえん） もらう。

はってん

やってみましょう 11

月　日

10ぷん　／100てん

1 ——の　かんじの　よみがなを　かきましょう。　一つ7〔28てん〕

(1) ①円(　　　)けいの　いけに　②石(　　　)を　なげる。

(2) 「こうふくな　①王子(　　　)」の　②本(　　　)。

2 □に　あてはまる　かんじを　かきましょう。　一つ9〔36てん〕

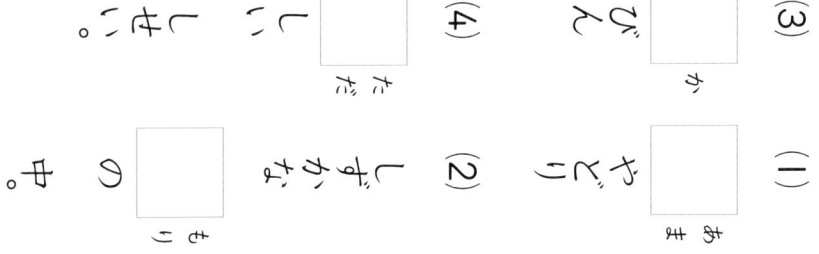

(1) □(あま)やどり

(2) しずかな　□(もり)の　中。

(3) □(か)びん

(4) □(ただ)しい　しせい。

3 □の　かんじは　なんかくで　かきますか。つぎの　(1)と　(2)に　わけて、□に　かきましょう。　一つ9〔36てん〕

(1) 四かくで　かく　かんじ。　□・□

(2) 五かくで　かく　かんじ。　□・□

本　石　王　円

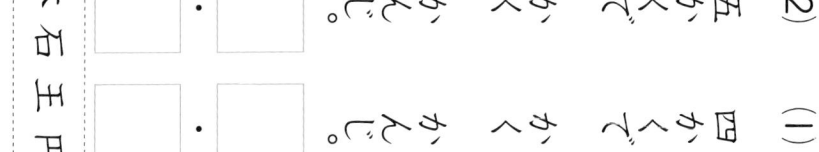

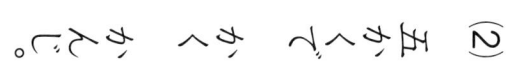

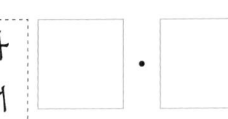

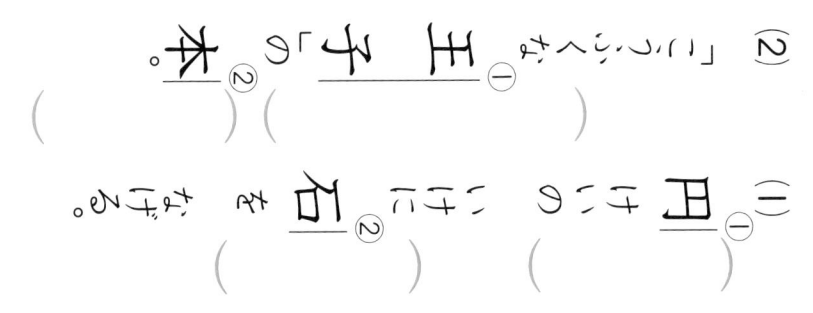

こたえは71ページ

はってん

やってみましょう 12

月　日

10ぷん

／100てん

1 えを　みて　□に　かんじを　かきましょう。〔一つ10〔100てん〕〕

(1) 
ただ□しい

(2) 
おう□さま

(3) 
あま□もり

(4) 
しょうがつ□□

(5) 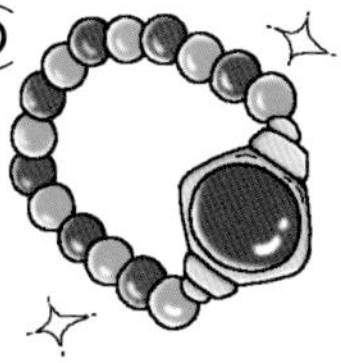
ほう□せき

(6) 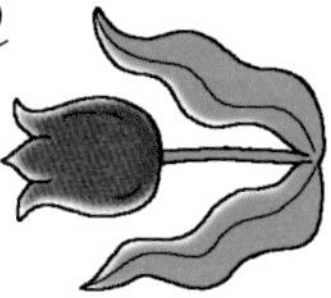
はな□

(7) 
おおあめ□□

(8) 
もり□

(9) 
ほん□

(10) 
じゅうえん□□

こたえは71ページ

かきじゅん 1 2 3 4 5 まちがえやすい ところ …

…まちがえやすい かんじ

● …とめる ↙● …はねる ↙ …はらう ◌ …あける

気

キ
ケ

6かく

ことば
気もち・天気
気はい・水気

学

ガク
まなぶ

8かく

ことば
学生・二学き
ことばを 学ぶ

貝

かい

7かく

ことば
貝がら
貝を 見つける

音

オン
(イン)
おと
ね

9かく

ことば
音楽・足音
もの音・音色

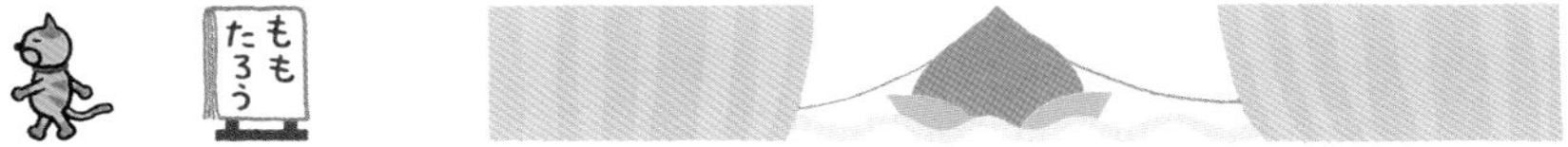
ももたろう

かきじゅん　1　2　3　4　5　まちがえやすい　ところ…

まちがえやすい　かんじ

犬

ケン
いぬ

4かく

一ナ大犬

ことば
番犬（ばんけん）・名犬（めいけん）
犬（いぬ）を　かう

空

クウ
そら
あく
あける
から

8かく

丶丷宀穴空空空空

ことば
空中（くうちゅう）・大空（おおぞら）
空（あ）き地（ち）・空（から）っぽ

玉

ギョク
たま

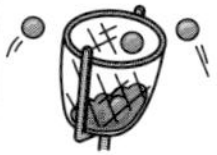

5かく

一丁干王玉

ことば
玉石（ぎょくせき）・ほう玉（ぎょく）
玉入（たまい）れ・目玉（めだま）

休

キュウ
やすむ
やすまる
やすめる

6かく

ノイ仁什休休

ことば
休（きゅう）けい・休日（きゅうじつ）
休（やす）み時間（じかん）

●…とめる
…はねる
…はらう
○…あける

きほん

よんでみましょう

月　日

1つ10てん

／100てん　10ぷん

①　もちを　つく　音（　）が　きこえる。

②　はまべで　貝（　）がらを　ひろう。

③　かぜで　学（　）こうを　休（　）む。

④　すきな　音（　）がくを　きく。

⑤　うんどうかいの　玉（　）いれの　きょうぎ。

⑥　空（　）が　はれて　気（　）もちが　いい。

⑦　犬（　）を　つれて　さんぽを　する。

⑧　おかしの　空（　）きばこを　すてる。

ももたろう

きほん

かいてみましょう

月　日

1つ10てん

10ぷん

／100てん

① もちを　つく　□（おと）が　きこえる。

② はまべで　□（かい）がらを　ひろう。

③ かぜで　□（がっ）こうを　□（やす）む。

④ すきな　□（おん）がくを　きく。

⑤ うんどうかいの　□（たま）いれの　きょうぎ。

⑥ □（そら）が　はれて　□（き）もちが　いい。

⑦ □（いぬ）を　つれて　さんぽを　する。

⑧ おかしの　□（あ）きばこを　すてる。

はってん

やってみましょう 13

月　日

／100てん　10ぷん

1 ——の かんじの よみがなを かきましょう。 一つ7〔28てん〕

(1) 空（　　）を み上げる。

(2) 空中（　　）ぶらんこ

(3) 雨の 音（　　）が する。

(4) ろく音（　　）する。

2 □に あてはまる かんじを かきましょう。 一つ9〔36てん〕

(1) かんじの □（がく）しゅう。

(2) てん□（き）

(3) けん□（だま）で あそぶ。

(4) まき□（がい）

3 ——の ことばを かんじで かくと、｛　｝の どちらに なりますか。○で かこみましょう。 一つ9〔36てん〕

(1) はまべで かいがらを ひろう。 ｛貝・目｝

(2) きれいな いろの ビーだま。 ｛王・玉｝

(3) いすに すわって やすむ。 ｛休・木｝

(4) いえで かって いる いぬ。 ｛犬・大｝

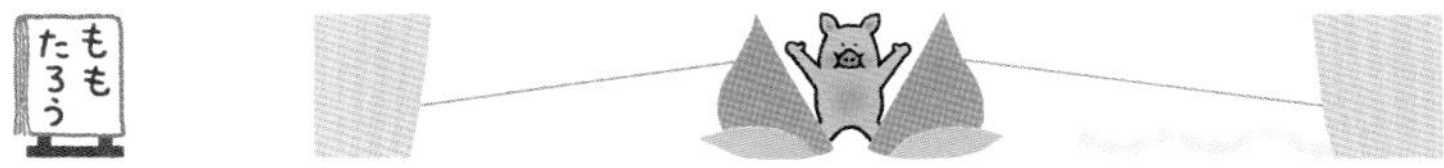
ももたろう

こたえは71ページ

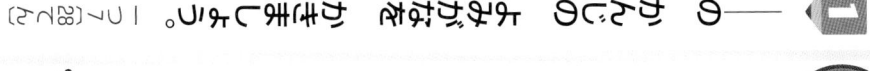

はってん

やってみましょう 14

月　日

／100てん

1 □に　あてはまる　かんじを　かきましょう。〔一つ10　100てん〕

(1) なつ□(やす)み

(2) なみの□(おと)。

(3) □□□(しょうがくせい)

(4) □(あ)きばこ

(5) □□(みずたま)もようのふく。

(6) □□(あおぞら)

(7) □(から)のはこ。

(8) げん①□(き)な②□(いぬ)。

(9) □(かい)

こたえは71ページ

かきじゅん 1 2 3 4 5 まちがえやすい ところ …

…まちがえやすい かん字

字	糸	校	見
ジ（あざ）	シ いと	コウ	ケン みる みえる みせる
6かく 丶 丶丶 宀 字 字 字	6かく 𠃋 幺 幺 糸 糸 糸	10かく 一 十 才 木 木 村 村 杧 校 校	7かく 丨 冂 月 月 目 目 見
ことば かん字(じ)・数字(すうじ) 字(じ)を かく	ことば 金糸(きんし)・せい糸(し) 糸電話(いとでんわ)・毛糸(けいと)	ことば 学校(がっこう)・校歌(こうか) 校(こう)てい・校門(こうもん)	ことば 見学(けんがく)・はつ見(けん) お花見(はなみ)・見本(みほん)

●…とめる ↙…はねる ／…はらう ○…あける

もも たろう

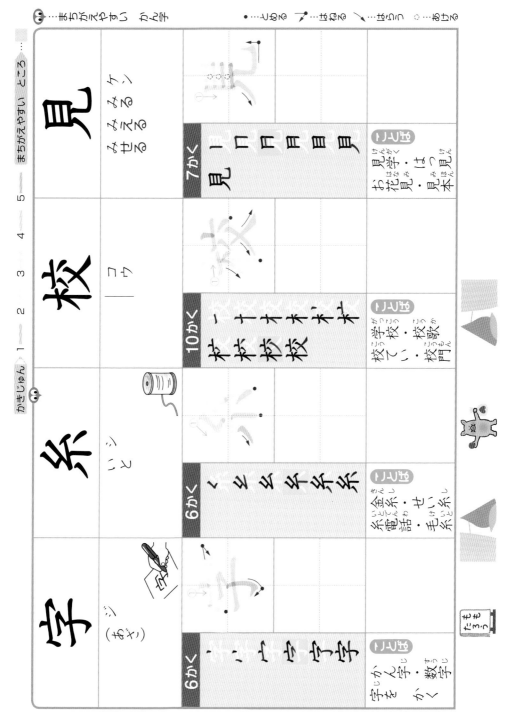

かきじゅん 1 2 3 4 5 まちがえやすい ところ…

…まちがえやすい かん字

千

セン
ち

1000
千円
1000

3かく

ことば：千円（せんえん）・千人（せんにん）・千よ紙（ちよがみ）

夕

（セキ）
ゆう

3かく

ことば：夕方（ゆうがた）・夕立（ゆうだち）・夕日（ゆうひ）・夕やけ（ゆうやけ）

出

シュツ
（スイ）
でる
だす

5かく

ことば：外出（がいしゅつ）・出ぱつ（しゅっぱつ）・出口（でぐち）・日の出（ひので）

車

シャ
くるま

7かく

ことば：じどう車（じどうしゃ）・電車（でんしゃ）・かた車（かたぐるま）・車いす（くるまいす）

●…とめる
…はねる
…はらう
○…あける

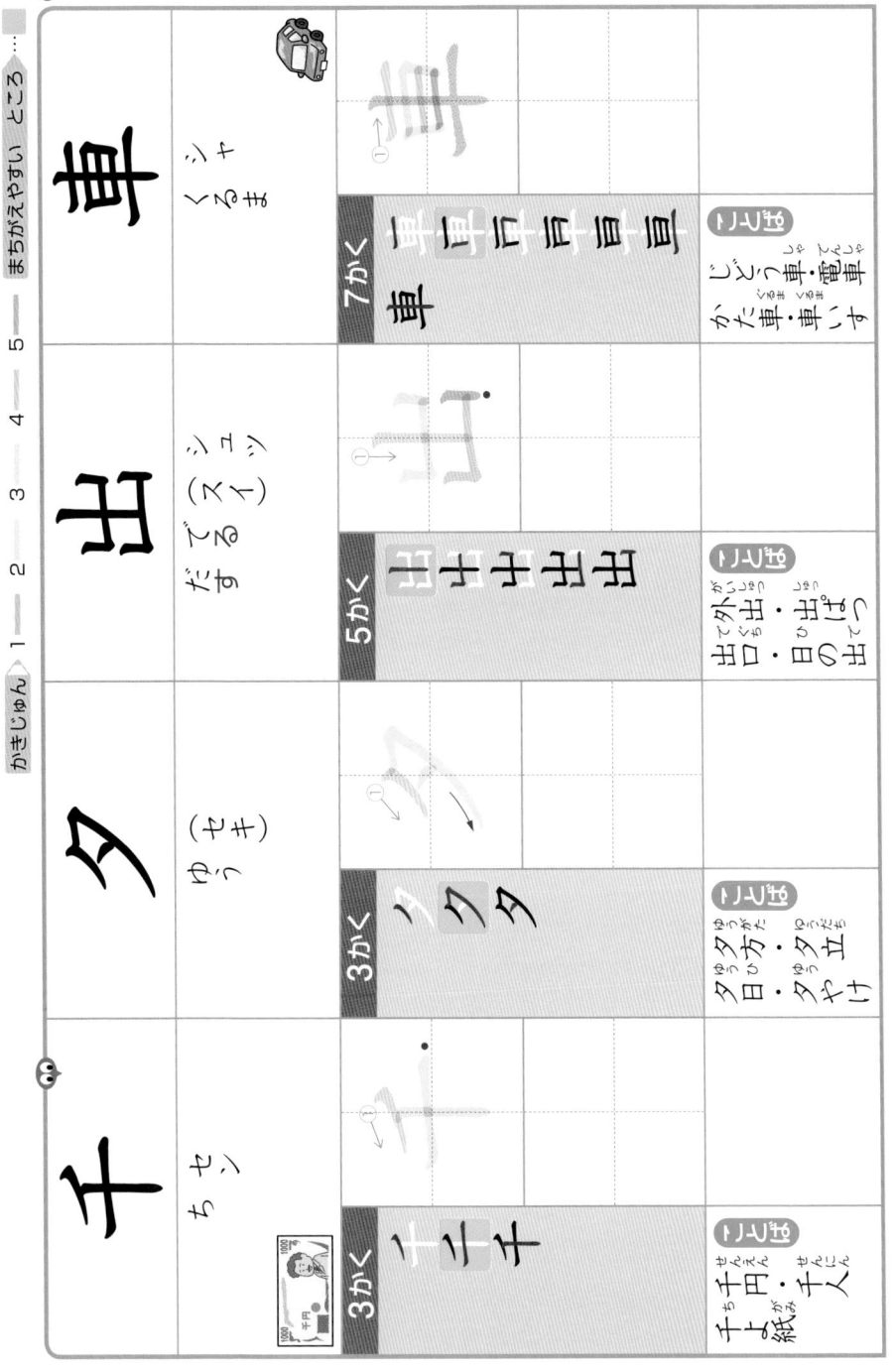

きほん

よんでみましょう

月　日

1つ10てん

10ぷん

／100てん

① ぬいばりに 糸（　　）を とおす。

② かん字（　　）を つかって かく。

③ あさ 八じに 学校（　　）に いく。

④ 車（　　）に 気を つけて あるく。

⑤ そとに 出（　　）て あそぶ。

⑥ うつくしい 夕日（　　）を 見（　　）る。

⑦ でん車（　　）が えきに とまる。

⑧ さいふから 千円（　　）さつを 出（　　）す。

ももたろう

きほん

かいてみましょう

月　日

1つ10てん

10ぷん

／100てん

① ぬいばりに □（いと） を　とおす。

② かん □（じ） を　つかって　かく。

③ あさ　八じに □□（がっこう） に　いく。

④ □（くるま） に　気を　つけて　あるく。

⑤ そとに □（で） て　あそぶ。

⑥ うつくしい □□（ゆうひ） を □（み） る。

⑦ でん □（しゃ） が　えきに　とまる。

⑧ さいふから □□（せんえん） さつを □（だ） す。

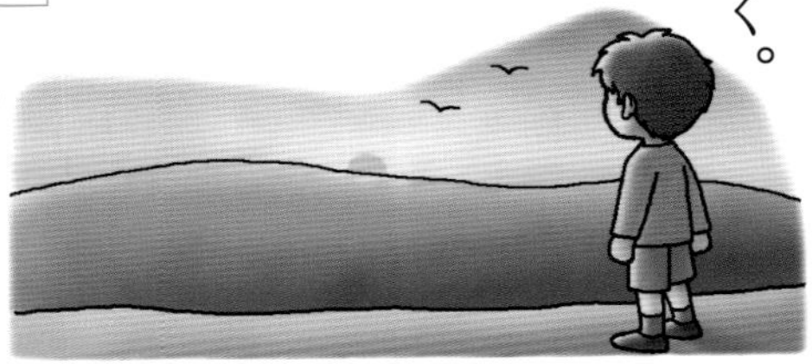

はってん

やってみましょう 15

月　日

10ぷん　／100てん

1 ――の　かん字の　よみがなを　かきましょう。　一つ7〔28てん〕

(1) 糸でんわ　(　　)

(2) 千本の　はり。　(　　)

(3) 赤い　車。　(　　)

(4) みせの　中を　見る。　(　　)

2 □に　あてはまる　かん字を　かきましょう。　一つ9〔18てん〕

(1) □（で）かける。

(2) □（こう）ちょう先生

3 □の　かん字は　なんかくで　かきますか。つぎの　(1)から　(3)に　わけて、□に　かきましょう。　一つ9〔54てん〕

(1) 三かくで　かく　かん字。　□・□

(2) 六かくで　かく　かん字。　□・□

(3) 七かくで　かく　かん字。　□・□

千　夕　車　字　糸　見

こたえは71ページ

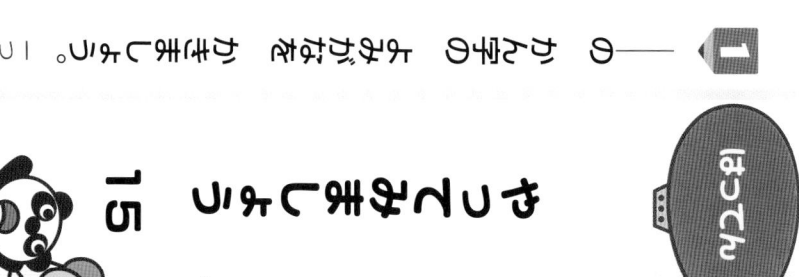

はってん

やってみましょう 16

月　日

1 □に あてはまる かん字を かきましょう。 一つ10〔100てん〕

ヤッター!!
4000

(1) じどう□(しゃ)

(2) □□(がっこう)が 休みの 日。

(3) ①□(くるま)から ②□(で)る。

(4) □□(よんせん)ばん

(5) すう□(じ)

(6) つり□(いと)

(7) さかなを □(み)る。

(8) □□(ゆうひ)

(9) こえを □(だ)す。

／100てん　10ぷん

こたえは71ページ

かきじゅん 1 2 3 4 5 まちがえやすい ところ …

…まちがえやすい かん字

●…とめる …はねる …はらう ◌…あける

男

ダン ナン おとこ

7かく

ことば 男子(だんし)・長男(ちょうなん) 男の子(おとこのこ)

村

ソン むら

7かく

ことば 市町村(しちょうそん)・村長(そんちょう) 村まつり(むらまつり)

草

ソウ くさ

9かく

ことば ざっ草(そう)・草原(そうげん) 草とり(くさとり)・道草(みちくさ)

早

ソウ (サッ) はやい はやまる はやめる

6かく

ことば 早朝(そうちょう)・早おき(はやおき) 朝が(あさが)早い(はやい)

ももたろう

かきじゅん 1 2 3 4 5 まちがえやすい ところ…

…まちがえやすい かん字

・…とめる ↘…はねる ↙…はらう ○…あける

天

テン
あま
（あめ）

4かく

一 二 チ 天

ことば
天気（てんき）・天国（てんごく）
天の川（あまのがわ）

町

チョウ
まち

7かく

丨 ロ 冂 冊 田 田一 町

ことば
町長（ちょうちょう）・町内（ちょうない）
となり町（まち）

虫

チュウ
むし

6かく

丨 ロ 口 中 虫 虫

ことば
こん虫（ちゅう）・せい虫（ちゅう）
かぶと虫（むし）

竹

チク
たけ

6かく

ノ 𠂉 ケ 竹 竹 竹

ことば
竹林（ちくりん）・竹馬（たけうま）
竹（たけ）とんぼ

きほん

よんでみましょう

月　　日

1つ10てん

／100てん

10ぷん

①あさ　早く　目が　さめる。

②にわの　ざっ草を　とる。

③男の　人が　竹を　きって　いる。

④めずらしい　こん虫を　つかまえる。

⑤村で　まつりが　おこなわれる。

⑥草むらで　虫が　ないて　いる。

⑦町を　きれいに　する。

⑧きょうは　天気が　いい。

ももたろう

きほん

かいてみましょう

月　日

1つ10てん

10ぷん

／100てん

① あさ □（はや）く　目が　さめる。

② にわの　ざっ□（そう）を　とる。

③ □（おとこ）の　人が　□（たけ）を　きって　いる。

④ めずらしい　こん□（ちゅう）を　つかまえる。

⑤ □（むら）で　まつりが　おこなわれる。

⑥ □（くさ）むらで　□（むし）が　ないて　いる。

⑦ □（まち）を　きれいに　する。

⑧ きょうは　□□（てんき）が　いい。

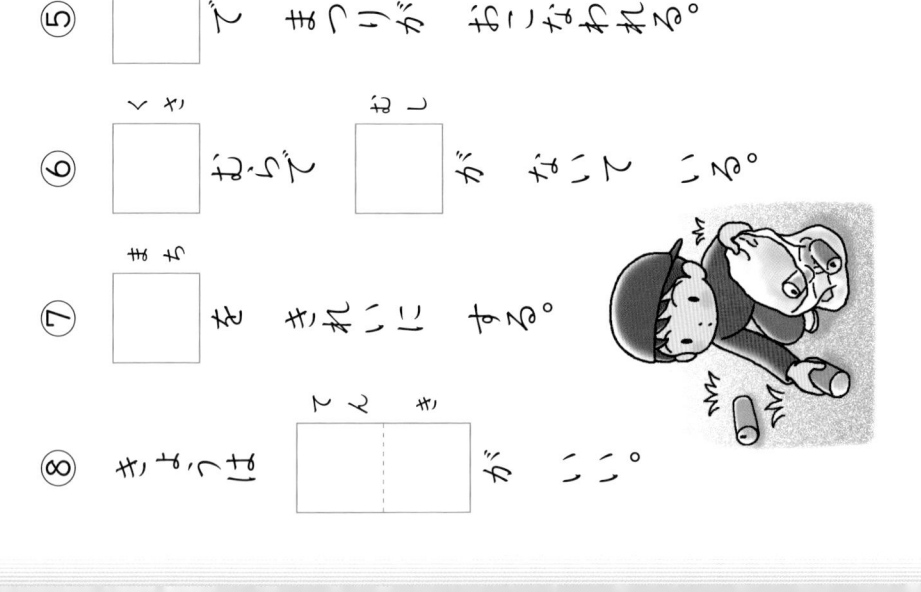

はってん

やってみましょう 17

月　日

／100てん　10ぷん

1 ——の　かん字の　よみがなを　かきましょう。　一つ７〔28てん〕

(1) 天（　　）じょう　(2) 竹（　　）やぶが　ひろがる。

(3) 村（　　）まつり　(4) 虫（　　）を　つかまえる。

2 □に　あてはまる　かん字を　かきましょう。　一つ９〔36てん〕

(1) □（おとこ）の　人。　(2) □□（はやくち）ことば

(3) □（まち）に　すむ。　(4) □□（くさき）を　見る。

3 つぎの　(1)と　(2)の　ぶぶんが　ある　かん字を　□に　かきましょう。　一つ９〔36てん〕

(1) 日…①□（くさ）・②□（はや）い

(2) 田…①□（まち）・②□（おとこ）

ももたろう

こたえは71ページ

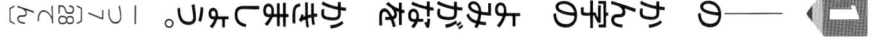

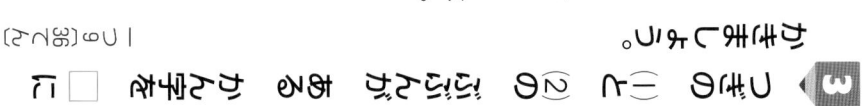

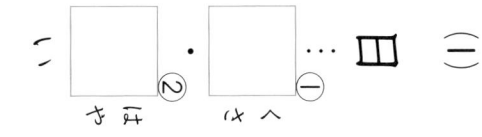

はってん

やってみましょう 18

月　日

1 えを　見て　□に　かん字を　かきましょう。　一つ10〔100てん〕

(1) 

□（はや）おき

(2) 

□（おとこ）の子

(3) 

□（むら）

(4) 

□（むし）ば

(5) 

□（まち）

(6) 

□□（くさばな）

(7) 

□（たけ）

(8) 

こん□（ちゅう）

(9) 

□（そう）げん

(10) 

□□（てんき）

／100てん　10ぷん

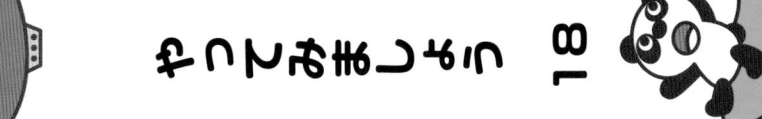

こたえは72ページ

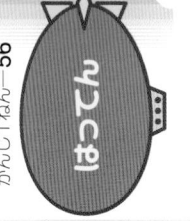

かきじゅん 1 2 3 4 5 まちがえやすい ところ…

…まちがえやすい かん字

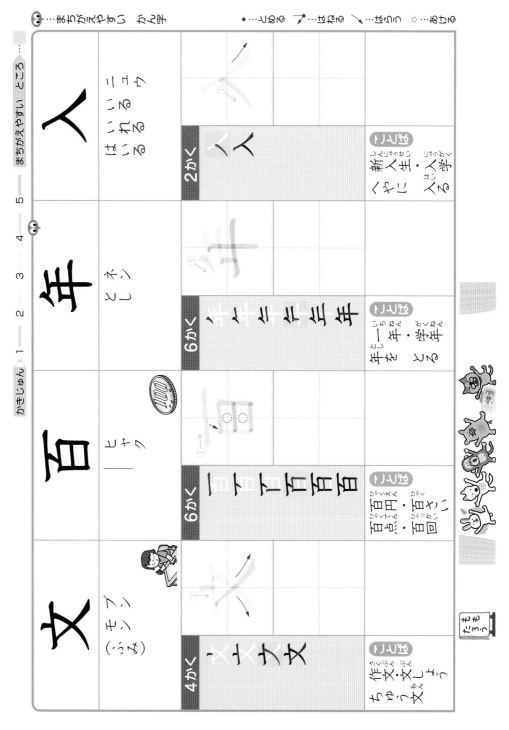

●…とめる ／…はねる ／…はらう ◌…あける

文

ブン
モン
（ふみ）

4かく

丶 亠 ナ 文

ことば
作文（さくぶん）・文（ぶん）しょう
ちゅう文（もん）

百

ヒャク
—

100

6かく

一 丆 丅 百 百 百

ことば
百円（ひゃくえん）・百（ひゃく）さい
百点（ひゃくてん）・百回（ひゃっかい）

年

ネン
とし

6かく

丿 𠂉 仁 仁 乍 年

ことば
一年（いちねん）・学年（がくねん）
年（とし）を とる

入

ニュウ
いる
いれる
はいる

2かく

丿 入

ことば
新入生（しんにゅうせい）・入学（にゅうがく）
へやに 入（はい）る

ももたろう

かきじゅん 1 2 3 4 5　まちがえやすい　ところ…

…まちがえやすい　かん字

●…とめる　…はねる　…はらう　○…あける

名

メイ　ミョウ　な

6かく

名名名名名名

ことば　名作（めいさく）・本名（ほんみょう）・名（な）ふだ・名前（なまえ）

立

リツ　（リュウ）　たつ　たてる

5かく

立立立立立

ことば　き立（りつ）・市立（しりつ）・さか立（だ）ち

力

リョク　リキ　ちから

2かく

力力

ことば　体力（たいりょく）・力走（りきそう）・力（ちから）こぶ

林

リン　はやし

8かく

林林林林林林林林

ことば　山林（さんりん）・森林（しんりん）・まつの林（はやし）

きほん

よんでみましょう

月　　日

1つ10てん

10ぷん

／100てん

① えきまえの　みせに　入る。（　）

② 百さいの　お年より。（　）（　）

③ ながい　文しょうを　よむ。（　）

④ もちものに　名まえを　かく。（　）

⑤ いすから　立ち上がる。（　）

⑥ 力を　ぐっと　入れて　おす。（　）（　）

⑦ あかるい　林の　中を　あるく。（　）

⑧ 一年で　ならった　こと。（　）

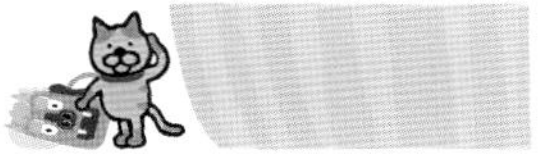

ももたろう

きほん

かいてみましょう

月　日

1つ10てん

10ぷん

／100てん

① えきまえの　みせに　□（はい）る。

② □（ひゃく）さいの　お□（とし）より。

③ ながい　□（ぶん）しょうを　よむ。

④ もちものに　□（な）まえを　かく。

⑤ いすから　□（た）ち上がる。

⑥ □（ちから）を　ぐっと　□（い）れて　おす。

⑦ あかるい　□（はやし）の　中を　あるく。

⑧ □□（いちねん）で　ならった　こと。

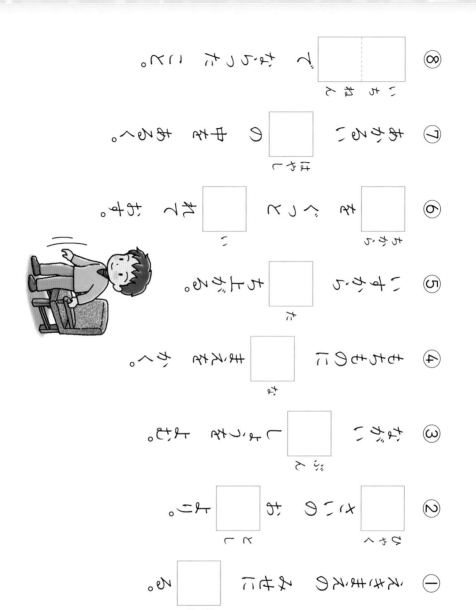

はってん

やってみましょう 19

月　日

／100てん　10ぷん

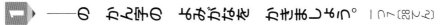

1 ——の　かん字の　よみがなを　かきましょう。　一つ7〔28てん〕

(1) はたを　立てる。（　）

(2) 林の　中。（　）

(3) あたらしい　年。（　）

(4) 百年まえ（　）

2 □に　あてはまる　かん字を　かきましょう。　一つ9〔36てん〕

(1) □〔い〕り口

(2) じぶんの　□〔な〕まえ。

(3) □〔ちから〕くらべ

(4) □〔ぶん〕しゅうを　つくる。

3 つぎの　かん字は　なんかくで　かきますか。□に　かずを　かん字で　かきましょう。　一つ9〔36てん〕

(1) 年…□かく

(2) 百…□かく

(3) 立…□かく

(4) 林…□かく

こたえは72ページ

はってん

やってみましょう 20

月　日

10ぷん

／100てん

1 えを 見て □に かん字を かきましょう。〔一つ10(100てん)〕

(1)

ちから □ こぶ

(2)

さく □ ぶん

(3)

□ な ふだ

(4)
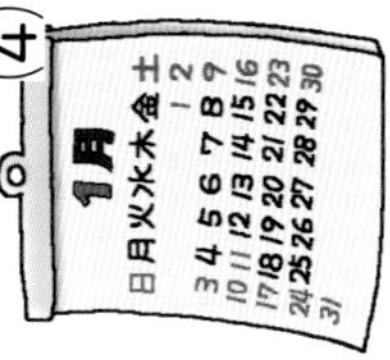
1月
日 月 火 水 木 金 土
1 2
3 4 5 6 7 8 9
10 11 12 13 14 15 16
17 18 19 20 21 22 23
24 25 26 27 28 29 30
31
しん □ ねん

(5)

□ た つ

(6)
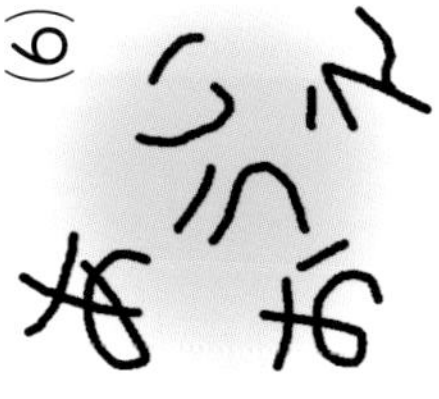
あ い う え お
□□ もじ

(7)

□□ にゅうがく

(8)

ゆう □ めい

(9)
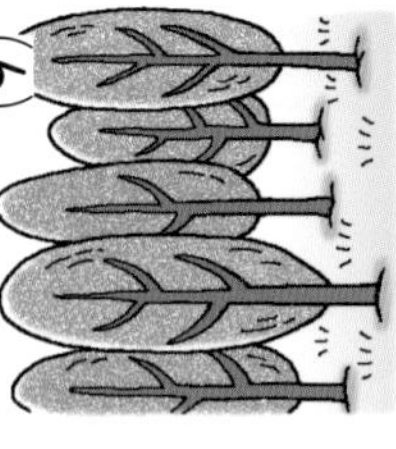
□ はやし

(10)

100
□□ ひゃくえん

こたえは72ページ

はってん

やってみましょう　21

月　日

１ □に、１から　10までの　どれかの　すう字を　かん字で　かいて、とけいを　かんせいさせましょう。

一つ10〔100てん〕

十二
(1)
(2)
(3)
(4)
(5)
(6)
(7)
(8)
(9)
(10)
十一

ダンス

10ぷん

／100てん

こたえは72ページ

はってん

やってみましょう 22

月　日

／100てん　10ぷん

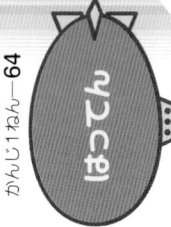

1 からだの　名まえの　かん字を　□に　かきましょう。　一つ10〔50てん〕

(1) □ みみ
(2) □ あし
(3) □ め
(4) □ くち
(5) □ て

2 ばしょを　あらわす　かん字を　□に　かきましょう。　一つ10〔50てん〕

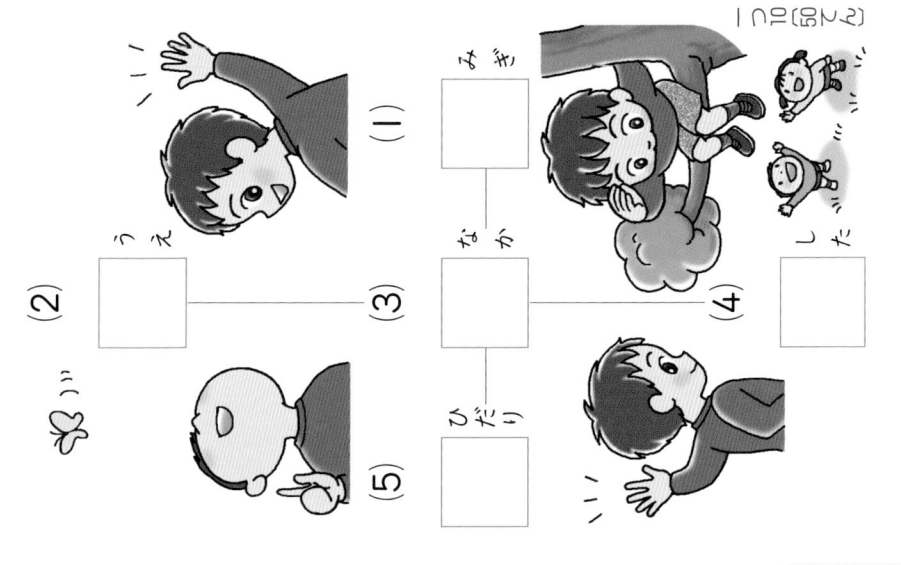

(1) □ みぎ
(2) □ うえ
(3) □ なか
(4) □ した
(5) □ ひだり

こたえは72ページ

はってん

やってみましょう 23

月　日

10ぷん　／100てん

1 □に　あてはまる　かん字を　かきましょう。　一つ10〔100てん〕

(1) □ はやし
(2) □ むら
(3) □ やま
(4) □ そら
(5) □ かわ
(6) □ もり
(7) □ た
(8) □ はな
(9) □ てん
(10) □ き
ダンス

こたえは72ページ

はってん

やってみましょう 24

月　日

／100てん　10ぷん

1 □に　あてはまる　かん字を　かきましょう。〔一つ10〔100てん〕〕

(1) ①□□□(しょうがっこう)の　たんにんの　②□□(せんせい)。

(2) ①□(おとこ)の　②□(こ)が　いすから　③□(た)つ。

(3) こえを　①□(だ)して　②□(ほん)を　よむ。

(4) ①□(ただ)しく　②□(ぶん)を　よむ　③□(ちから)を　つける。

こたえは72ページ

はってん

やってみましょう 25

月　日

1 かたちに 気を つけて □ に かん字を かきましょう。

一つ10〔100てん〕

(1) ①□(たま)のりが うまい ②□(おう)さま。

(2) ①□(くるま)で ②□(くさ)を はこぶ。

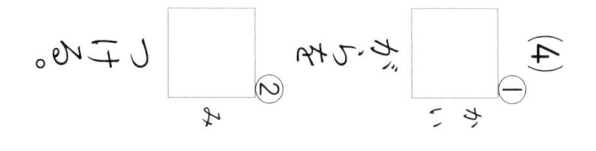

(3) みせの 中に ①□(ひと)が ②□(はい)る。

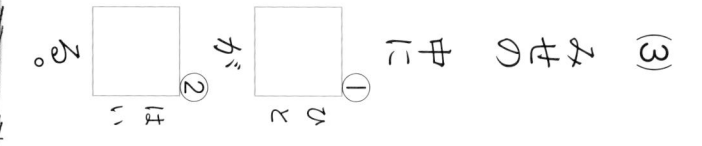

(4) ①□(かい)がらを ②□(み)つける。

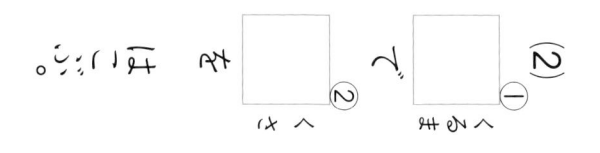

(5) ①□(おお)きな ②□(いぬ)が ほえる。

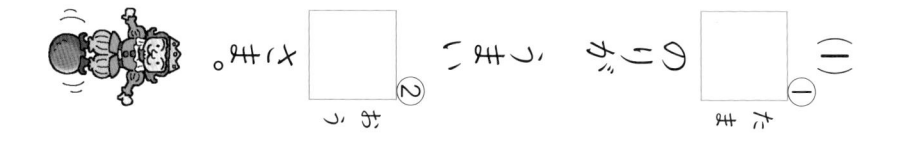

ダ
り

こたえは72ページ

／100てん　10ぷん

はってん

やってみましょう 26

月　日

／100てん　10ぷん

1 □の　かん字から、つぎの　(1)から　(4)に　あてはまる　ものを　えらんで、□に　かきましょう。　一つ5〔100てん〕

(1) いろを　あらわす　かん字。

□□□

(2) ばしょを　あらわす　かん字。

□□

(3) よう日を　あらわす　かん字。

□□□□□

(4) 六かくで　かく　かん字。

□□□□□
□□□□□

白　日　町　竹　百　赤　木　字　夕　火　気　雨
名　年　土　虫　早　石　青　村　糸　月　休　音

こたえは72ページ

はってん

やってみましょう 27

月　日

／100てん　10ぷん

1 つぎの　えの　ぶぶんが　ある　かん字を　□に　かきましょう。
一つ10〔100てん〕

(1)

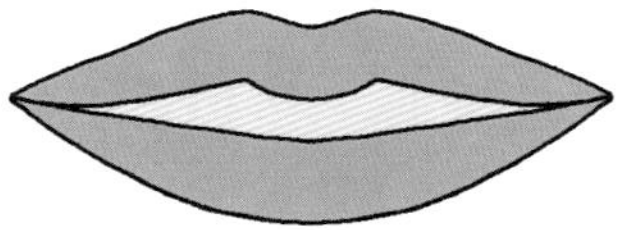

① いし □
② みぎ □
③ あし □
④ な □ まえ

(2)

① ほん □
② もり □
③ はやし □
④ やす □ み
⑤ むら □
⑥ こう □ しゃ

おわり

こたえは72ページ

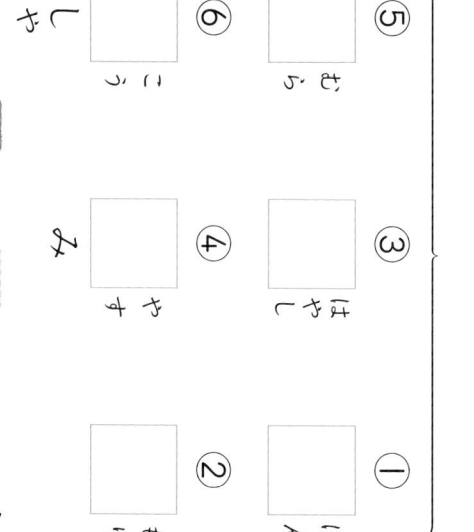

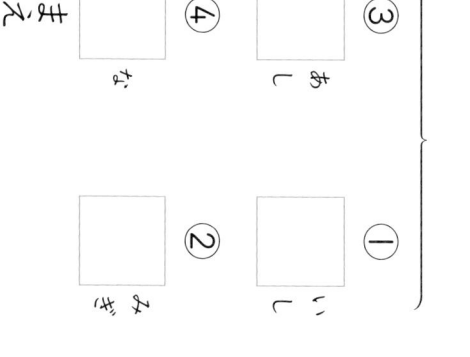

こたえ

◇〈よんでみましょう〉のこたえは〈かいてみましょう〉に、〈かいてみましょう〉のこたえは〈よんでみましょう〉にあります。

やってみましょう 1　7ページ

1 (1)ひと　(2)むっ　(3)ふた　(4)いつ

2 (1)①四　②七　(2)①七　②八

3 (1)三　(2)四　(3)七　(4)八

やってみましょう 2　8ページ

1 (1)一だい　(2)二ひき　(3)四さつ　(4)七ほん　(5)三びき　(6)八まい　(7)二わ　(8)六ぽん（六ほん）　(9)五こ（五つ）　(10)四にん（四めい）

やってみましょう 3　13ページ

1 (1)げつ　(2)ここの　(3)くがつ　(4)とおか

2 (1)金　(2)木　(3)火　(4)水

3 (1)火　(2)水　(3)木　(4)金

やってみましょう 4　14ページ

1 (1)十こ　(2)九ほん

2 (1)十九　(2)九十

3 (1)日　(2)月　(3)火　(4)水　(5)木　(6)金

やってみましょう 5　19ページ

1 (1)ど　(2)ちい　(3)しょう　(4)こ

2 (1)中　(2)大

3 (1)上がる・下がる　(2)上る・下る　(3)上げる・下ろす

（3 はじゅんじょなし）

やってみましょう 6　20ページ

1 (1)右　(2)上　(3)下　(4)上　(5)中　(6)下　(7)土　(8)大　(9)左　(10)小

やってみましょう 7　25ページ

1 (1)め　(2)みみ　(3)あし　(4)て

2 (1)女　(2)四人　(3)子　(4)一口

3 (1)六　(2)四　(3)七　(4)五

やってみましょう 8

26ページ

1 (1)人 (2)①女 ②子 (3)目 (4)口

(5)手 (6)足 (7)耳 (8)一足 (9)人

やってみましょう 9

31ページ

1 (1)①た ②しろ

(2)①せんせい ②じょうび

2 (1)①山 ②赤 (2)①青 ②川

3 (1)川・山 (2)青・赤

（3 はじゅんじょなし）

やってみましょう 10

32ページ

1 (1)生 (2)生 (3)①赤 ②生 (4)青

(5)先生 (6)山 (7)川 (8)白 (9)田

やってみましょう 11

37ページ

1 (1)①えん ②いし

(2)①おうじ ②ほん

2 (1)雨 (2)森 (3)花 (4)正

3 (1)円・王 (2)石・本

（3 はじゅんじょなし）

やってみましょう 12

38ページ

1 (1)正 (2)王 (3)雨 (4)正月 (5)石

(6)花 (7)大雨 (8)森 (9)本 (10)十円

やってみましょう 13

43ページ

1 (1)そら (2)くうちゅう (3)おと

(4)おん

2 (1)学 (2)気 (3)玉 (4)貝

3 (1)貝 (2)玉 (3)休 (4)犬

やってみましょう 14

44ページ

1 (1)休 (2)音 (3)小学生 (4)空

(5)水玉 (6)青空 (7)空

(8)①気 ②犬 (9)貝

やってみましょう 15

49ページ

1 (1)いと (2)せんぼん (3)くるま

(4)み

2 (1)出 (2)校

3 (1)夕・千 (2)糸・字 (3)見・車

（3 はじゅんじょなし）

やってみましょう 16

50ページ

1 (1)車 (2)学校 (3)①車 ②出

(4)四千 (5)字 (6)糸 (7)見 (8)夕日

(9)出

やってみましょう 17

55ページ

1 (1)てん (2)たけ (3)むら (4)むし

2 (1)男 (2)早口 (3)町 (4)草木

3 (1)①草 ②早 (2)①町 ②男

やってみましょう 18

56ページ

1 (1)早 (2)男 (3)村 (4)虫 (5)町 (6)草花 (7)竹 (8)虫 (9)草 (10)天気

やってみましょう 19

61ページ

1 (1)た (2)はやし (3)とし (4)ひゃくねん

2 (1)入 (2)名 (3)力 (4)文

3 (1)六 (2)六 (3)五 (4)八

やってみましょう 20

62ページ

1 (1)力 (2)文 (3)名 (4)年 (5)立 (6)文字 (7)入学 (8)名 (9)林 (10)百円

やってみましょう 21

63ページ

1 (1)一 (2)二 (3)三 (4)四 (5)五 (6)六 (7)七 (8)八 (9)九 (10)十

やってみましょう 22

64ページ

1 (1)耳 (2)足 (3)目 (4)口 (5)手

2 (1)右 (2)上 (3)中 (4)下 (5)左

やってみましょう 23

65ページ

1 (1)林 (2)村 (3)山 (4)空 (5)川 (6)森 (7)田 (8)花 (9)天 (10)木

やってみましょう 24

66ページ

1 (1)①小学校 ②先生 (2)①男 ②子 ③立 (3)①出 ②本 (4)①正 ②文 ③力

やってみましょう 25

67ページ

1 (1)①玉 ②王 (2)①車 ②草 (3)①人 ②入 (4)①貝 ②見 (5)①大 ②犬

やってみましょう 26

68ページ

1 (1)青・赤・白 (2)村・町 (3)火・月・木・土・日 (4)気・休・糸・字・百・早・竹・虫・年・名

（1 はじゅんじょなし）

やってみましょう 27

69ページ

1 (1)①石 ②右 ③足 ④名 (2)①本 ②森 ③林 ④休 ⑤村 ⑥校

3 2 1 0 9 8 7 6 5 4 ＊＊ D C B A